ISBN 978-0-332-53388-9
PIBN 11236062

1 MONTH OF
FREE
READING

at
www.ForgottenBooks.com

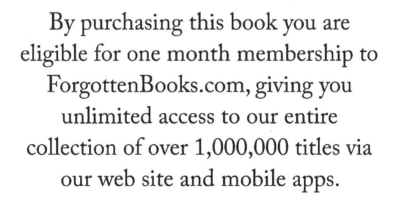

By purchasing this book you are eligible for one month membership to ForgottenBooks.com, giving you unlimited access to our entire collection of over 1,000,000 titles via our web site and mobile apps.

To claim your free month visit:

www.forgottenbooks.com/free1236062

English
Français
Deutsche
Italiano
Español
Português

www.forgottenbooks.com

Mythology Photography **Fiction**
Fishing Christianity **Art** Cooking
Essays Buddhism Freemasonry
Medicine **Biology** Music **Ancient**
Egypt Evolution Carpentry Physics
Dance Geology **Mathematics** Fitness
Shakespeare **Folklore** Yoga Marketing
Confidence Immortality Biographies
Poetry **Psychology** Witchcraft
Electronics Chemistry History **Law**
Accounting **Philosophy** Anthropology
Alchemy Drama Quantum Mechanics
Atheism Sexual Health **Ancient History**
Entrepreneurship Languages Sport
Paleontology Needlework Islam
Metaphysics Investment Archaeology
Parenting Statistics Criminology
Motivational

LA
PÉRICHOLE,

COMÉDIE EN UN ACTE, MÈLÉE DE CHANT,

PRÉCÉDÉE D'UNE

Notice sur la Périchole,

PAR MM.

THÉAULON ET DEFORGES,

REPRÉSENTÉE POUR LA PREMIÈRE FOIS, A PARIS, SUR LE THÉATRE
DU PALAIS-ROYAL, LE 11 OCTOBRE 1835.

PRIX : 2 FR.

PARIS,

CHEZ MARCHANT, BOULEVART SAINT-MARTIN, N° 12.
BARBA, LIBRAIRE, PALAIS-ROYAL.
—
1835.

PERSONNAGES.	ACTEURS.
DON FERNANDO DE RIBERA, vice-roi du Pérou.	M. DERVAL.
DON GARCIA, évêque de Lima, oncle du vice-roi.	M. DORMEUIL.
MENDOZ, premier valet de-chambre du vice-roi.	M. LEVASSOR.
TELLEZ, premier huissier de la chambre.........	M. BARTHÉLEMY.
LA PÉRICHOLE, comédienne................. ...	Mlle DÉJAZET.

FILLES CONVERTIES.

OFFICIERS DE LA SUITE DU VICE-ROI.

La scène est à Lima, dans le palais du vice-roi.

COSTUMES.

DON FERNANDO DE RIBERA. Habit de velours cerise, à collet droit brodé en argent, culotte et bas de soie blancs, souliers vernis, épée et boucles en diamans, cravate blanche ; jabot, manchettes de dentelles, un crachat, et l'ordre de la Toison d'or ; coiffure à la titus, sans poudre.

DON GARCIA. Costume séculier : habit de velours violet à la française, veste et culotte de satin noir, bas violets, cheveux poudrés, chapeau triangulaire, bordé d'un galon d'or.

MENDOZ. Habit de couleur foncée, demi-français, culotte noire, bas de soie blancs : perruque poudrée, jabot et manchettes.

TELLEZ. Tout en noir, de la poudre, une chaîne d'or au cou.

LA PERICHOLE. Premier costume : robe à l'espagnole en satin raisin de corinthe, très-courte, garnie au corsage, aux manches et au bas de la jupe de blonde et de jais noirs ; un peigne d'écaille très-élevé sur lequel est attaché la mantille de dentelle noire ; deux grosses boucles de cheveux tombant de chaque côté de la figure ; collier et boucles d'oreilles en jais, bas de soie blancs, souliers de satin noir ; un éventail très-flexible.

Deuxième costume : tunique de mousseline blanche, tombant jusqu'au genou, garnie au corsage de plumes bleues ; aux bras et aux jambes qui sont nus, des bracelets d'or garnis de plumes bleues, sur la tête un léger bandeau d'or surmonté d'une flamme également en plume bleue ; pour le pas péruvien, deux éventails en plumes. (Ce costume a été reproduit d'une manière très-exacte par le journal de modes LA PSYCHÉ, passage Saulnier, no 11.)

Troisième costume : habit de religieuse blanc, garni de découpures couleur carmélite, un long voile blanc cachant le visage.

LES JEUNES FILLES CONVERTIES. Costume exactement pareil à celui indiqué ci-dessus.

SUITE DU VICE-ROI. Uniformes de fantaisie, très-riches.

IMPRIMERIE DONDEY-DUPRÉ, RUE SAINT-LOUIS, No 46, AU MARAIS.

NOTICE

SUR LA PÉRICHOLE*.

Voici ce qu'on lit dans l'Histoire du Pérou par don Jose Pineïros, jésuite portugais, traduite par François Rozet, religieux minime :

« Ce jour-là (8 septembre 1761 , fête de la Nativité),
» toute la ville de Lima fut en rumeur. Une nouvelle
» étrange circulait en effet dans les salons ; il ne s'agissait
» de rien moins que de la conversion de la Périchole, fa-
» meuse comédienne du théâtre de Lima et maîtresse dé-
» clarée du vice-roi.

» La Périchole était une fille de race indienne, capricieuse,
» insolente, parpaillotte, fantasque et ne reculant jamais
» devant une extravagance. Sachant que la solennité reli-
» gieuse que l'on célébrait remplirait les rues d'une foule
» innombrable de fidèles, la fantaisie lui vint d'aller à l'église
» en carrosse. Il y avait alors peu de voitures à Lima et elles
» appartenaient toutes à des personnes de la plus haute
» condition. La Périchole obtint, non sans quelque peine,
» que le vice-roi, qui l'aimait passionnément, lui fît don
» d'un carrosse magnifique tout neuf, dans lequel elle se
» montra par la ville, au grand ébahissement des Liméniens,
» et au grand scandale de la noblesse.

---

* *Périchola, la Périchole,* sobriquet de théâtre. Le véritable nom de cette comédienne était Léonora Aguirre.

» Tout-à-coup elle·fut saisie d'un accès de dévotion, et
» après avoir joui de son carrosse pendant une heure à-peu-
» près , elle en fit don à l'église cathédrale , voulant qu'il
» servît à transporter rapidement les prêtres qui allaient
» administrer les secours spirituels aux malades. Elle ajouta
» de plus une fondation pour l'entretien de cette voiture.
» Depuis ce tems, le Saint-Sacrement est porté, à Lima, en
» carrosse, et le nom de la comédienne est en grand hon-
» neur. »

M. Prosper Mérimée a composé sur ce fait une char-
mante Saynète, publiée en 1830 par la *Revue de Paris*, et
dans laquelle les auteurs de *la Périchole* s'empressent de re-
connaître qu'ils ont puisé l'idée première de leur ouvrage.

LA PÉRICHOLE,

❦❦❦

Un magnifique salon du palais. Au fond un riche fauteuil, placé sur un gradin et formant trône ; de chaque côté une porte à deux battans donnant sur de longues galeries. A droite du spectateur, une petite porte secrète qui s'ouvre dans la boiserie et se ferme avec un verrou. Sur le premier plan, du même côté, un divan. Une porte à gauche vis-à-vis la porte secrète. Fenêtres à droite et à gauche, sur le premier plan. Tapis, siéges, etc.

SCÈNE PREMIÈRE.

MENDOZ, puis TELLEZ.

(Au lever du rideau, Mendoz est près d'une fenêtre à droite, regardant au loin avec une lunette d'approche.)

MENDOZ.

Rien !... Il m'avait pourtant semblé apercevoir à l'horizon un point noir...

TELLEZ, entrant, et à la cantonnade.

Pour midi, le carrosse de monseigneur dans la cour d'honneur du palais...Ah ! ah ! encore en observation, seigneur Mendoz ?... En vérité, on serait tenté de croire que vous avez échangé votre place de premier valet de chambre du vice-roi contre celle de gardien de la grande vigie, chargé de signaler tous les navires qui entrent dans le port de Lima..

MENDOZ, fermant sa lunette.

Vous plaisantez, seigneur Tellez... Si je vous disais que le bâtiment dont je guètte l'arrivée porte ma fortune !

TELLEZ.

Bah ! ordinairement c'est d'ici que nos galions péruviens partent chargés d'or pour la métropole.

MENDOZ.

Eh bien ! cette fois, c'est le contraire... le vaisseau *el Real San-Carlo* nous ramène d'Espagne...

TELLEZ.

Des lingots ?

MENDOZ, *avec mystère.*

Mieux que cela, mon cher... une femme!

TELLEZ.

Pour vous?

MENDOZ.

Eh! non, esprit borné... pour monseigneur don Fernando de Ribera, vice-roi du Pérou, votre maître et le mien.

TELLEZ.

Comment?... serait-ce la jeune duchesse de Leirias, que l'on dit si belle, si riche, et qui passe pour la fille naturelle de sa majesté catholique?

MENDOZ.

Elle-même.

TELLEZ.

En vérité?.. Je sais que monseigneur l'avait aimée autrefois en Espagne... mais je croyais ce mariage rompu.

MENDOZ.

Peu s'en est fallu, grâce à cette maudite comédienne, qui semble avoir ensorcelé le vice-roi depuis son arrivée dans ce pays.

TELLEZ.

La Périchole?.. une joyeuse fille, ma foi!.. l'idole de Lima!.. et qui peut se vanter de m'avoir bien fait rire dans la saynète de la *Gitanilla*... Je ne suis pas étonné que monseigneur en soit fou, car elle fait perdre la tête à tout le monde.

MENDOZ.

Je m'étonne, moi, d'entendre faire son éloge par le premier huissier de la chambre... Les amours du vice-roi et de cette femme étaient un sujet de scandale pour toute la cour... Heureusement l'évêque de Lima, l'oncle de monseigneur, lui a fait entendre enfin raison, et il a obtenu de lui la promesse de ne plus revoir la célèbre comédienne; l'arrivée de la jeune duchesse fera le reste.

TELLEZ.

Ne vous y fiez pas, seigneur Mendoz; la Périchole est femme d'esprit... elle est de race indienne, et ce qu'elle veut, elle le veut fermement.

MENDOZ.

Je ne le sais que trop, et je suis dans des appréhensions continuelles, surtout depuis que monseigneur a reçu cette blessure au bras, dans une chasse au tigre... l'autre jour... Aussi je vous recommande de faire bonne garde, pour l'empêcher de pénétrer dans le palais avant le mariage de monseigneur.

TELLEZ.

Oh! ne comptez pas sur moi... je ne me mêle pas de tout cela... la Périchole est une ennemie trop dangereuse!... Mais l'heure avance, je vais prévenir monseigneur que son carrosse neuf l'attend aux portes du palais, pour le conduire à la cathédrale... Vous savez que nous avons une grande solennité?

MENDOZ.

Oui... c'est aujourd'hui que les jeune filles nouvellement converties par notre saint évêque sont amenées au palais et présentées au vice-roi.

TELLEZ, *en riant.*

Comme on les dit fort jolies, il est à présumer que monseigneur ne renoncera pas à cette prérogative de son rang.

MENDOZ.

Belle prérogative, ma foi!... et le voile qui les couvre et qui dérobe leurs traits à tout regard profane?

(On sonne.)

TELLEZ.

On sonne chez monseigneur... sans doute pour sa toilette... Rappelez-vous mon conseil, seigneur Mendoz... ne cabalez pas contre la Périchole, il pourrait vous en arriver malheur.

(Il sort.)

SCÈNE II.

MENDOZ, *seul.*

La Périchole! la Périchole!... il semble qu'ils ont tout dit quand ils prononcent ce nom!... Oh! n'importe... je dois tout tenter pour empêcher un rapprochement, et gagner ainsi les cinq mille piastres que monseigneur l'évêque m'a promises, si je parviens à détacher son neveu de cette comédienne... Ah! je ne me dissimule pas que je joue gros jeu... lutter contre l'idole de Lima! comme ils l'appellent... et surtout contre l'idole de monseigneur!... Mais... (*bien bas*) monseigneur est naturellement jaloux, emporté; je ne manque pas d'une certaine habileté diplomatique, et, avec l'aide d'en haut... oui, oui...

AIR *de Julie.*

Contre une femme à qui tout cède,
En tournant mes yeux vers le ciel,
Je dois appeler à mon aide
Ariel, Gabriel et Michel.

Je connais ses ruses étranges,
Je sais le pouvoir de son nom...
Ce n'est pas trop, contre un pareil démon,
De toute une légion d'anges.

(*On entend frapper à la petite porte secrète.*)

LA PÉRICHOLE , *en dehors.*

Fernando !... Fernando !...

MENDOZ.

Ah ! mon Dieu ! c'est elle !... c'est la Périchole ! Selon sa coutume, elle vient chez le vice-roi par cette porte secrète... mais monseigneur a mis lui-même le verrou qui ferme cette entrée mystérieuse, et ce n'est pas moi qui l'ôterai...

LA PÉRICHOLE, *en dehors.*

Mendoz, mon bon Mendoz, êtes-vous là ?

MENDOZ.

Oui, oui... ton bon Mendoz... ah ! serpent, va,!.... appelle, appelle.... personne ici ne te répondra. (*Écoutant.*) Je crois qu'elle se retire.. oui, elle s'éloigne... mais il est probable qu'elle va se présenter à la grande entrée du palais... et je cours donner les ordres les plus positifs... (*Il va pour sortir, en ce moment le vice-roi entre.*) Ah ! monseigneur !

SCÈNE III.

LE VICE-ROI, MENDOZ.

LE VICE-ROI.

Bonjour, Mendoz... Est-ce l'heure de la cérémonie ?

MENDOZ.

Oui, monseigneur.

VICE-ROI.

Eh bien ! personne ne s'est-il présenté ?

MENDOZ.

Le Grand-Justicier est venu chercher le rapport qu'il a soumis, il y a huit jours, à votre altesse sur les jugemens du tribunal suprême... votre signature est impatiemment attendue.

LE VICE-ROI.

C'est bien... je signerai plus tard... Il n'est pas venu d'autre personne ?

MENDOZ.

Non, monseigneur.

LE VICE-ROI , *hésitant.*

Quoi ! Léonora... n'a point paru depuis sa disgrâce ?...

MENDOZ.

La Périchole... non , monseigneur.

LE VICE-ROI.

Un oubli si prompt ! après tous les bienfaits dont je l'ai comblée !... Car, vous le savez, Mendoz, je l'ai enrichie de la moitié de ma fortune.

MENDOZ.

Sans doute... et la Périchole est reconnaissante... j'oserais presque l'assurer... malgré tous les bruits que répand la médisance sur son compte.

LE VICE-ROI.

Mendoz... mes gants, mon chapeau.

MENDOZ, *les lui présentant.*

Voilà... Monseigneur a vu sans doute ce nouveau carrosse dont le roi d'Espagne lui a fait présent et qui lui sert aujourd'hui pour la première fois ; il doit éblouir la population de Lima.... On n'a jamais rien vu d'aussi beau dans ce pays.

LE VICE-ROI, *regardant par la fenêtre.*

Et ces superbes mules galiciennes... avec leurs panaches; tout cela ressemble au char du soleil !

MENDOZ.

N'est-ce donc pas votre voiture ? Le soleil du Nouveau-Monde, monseigneur, c'est vous... surtout depuis que vous apparaissez dégagé des nuages dont vous environnait une femme... recommandable , sans doute, mais dont la légèreté...

LE VICE-ROI, *riant forcément.*

Oh ! sur ce point, je ne crains rien ! mon oncle m'a converti, à ce qu'il dit... et j'ai dû renoncer à mon amour pour la Périchole... mais je puis me flatter d'être le seul qui ait fixé le cœur de cette femme célèbre...

MENDOZ.

Comment donc?.. c'est ce que je disais encore hier au foyer du théâtre... où l'on me soutenait...

LE VICE-ROI.

Quoi donc ?

MENDOZ.

Oh ! je ne voudrais pas répéter devant monseigneur...

LE VICE-ROI.

Pourquoi donc?... je vous le permets.

MENDOZ.

Je prie votre altesse de remarquer que ce ne sont que des bruits de coulisses...

LE VICE-ROI.

Il n'importe... Je veux savoir...

MENDOZ.

Ces comédiens sont si mauvaises langues !... aussi je les ai relevés de la bonne manière !...

LE VICE-ROI.

Enfin... que disaient-ils ?

MENDOZ.

Que sais-je ? L'un prétendait avoir vu le capitaine Navarro sortir à minuit de chez la senora Péricholé... comme s'il n'y avait pas d'autre maison que la sienne dans la rue.

LE VICE-ROI.

Après ?...

MENDOZ.

Un autre parlait d'un jeune carabinier de la reine... je vous demande un peu, monseigneur, comme c'est vraisemblable !

LE VICE-ROI.

Est-ce tout ?

MENDOZ.

Un troisième...

LE VICE-ROI, *avec impatience.*

Assez !... monsieur Mendoz, vous êtes un faquin.

MENDOZ.

Monseigneur...

LE VICE-ROI.

Je vous trouve bien impertinent de venir me débiter tous les sots bavardages que vous entendez.... Qu'allez-vous faire au théâtre ? est-ce là votre place ?... (*Lui donnant ses gants et son chapeau.*) Tenez... je n'irai pas à la cathédrale... Je souffre horriblement de ma blessure... on fera la cérémonie sans moi.

MENDOZ.

Que va dire monseigneur l'évêque ?

LE VICE-ROI.

Eh ! corbleu ! que ne faisait-il le miracle tout entier... il m'a guéri le cœur, à ce qu'il dit ; que ne me guérissait-il le bras ?.. Je resterai.

MENDOZ.

Faut-il faire rentrer le carrosse de monseigneur ?

LE VICE-ROI.

C'est inutile... qu'on le laisse aux portes du palais et que l'on répande parmi le peuple que je suis très-souffrant.

SCÈNE IV.

LES MÊMES, TELLEZ.

TELLEZ.

Monseigneur, la senora Périchole demande à voir votre altesse.

MENDOZ, *à part.*

Le maladroit!

LE VICE-ROI, *à part, avec joie.*

Ah! la voilà... enfin!

MENDOZ.

Quelle audace! se présenter ainsi, malgré les ordres de monseigneur...

LE VICE-ROI, *ne pouvant contenir sa joie.*

Je la reconnais bien là, Mendoz... mais combien elle doit se trouver humiliée!... elle, qui, autrefois, serait entrée par cette petite porte secrète, sans être annoncée... que dirait-elle si elle savait que j'ai mis moi-même ce verrou qui nous sépare à jamais?

MENDOZ.

Ainsi, monseigneur., je vais lui dire que votre altesse refuse...

LE VICE-ROI.

Oui... oui... je ne veux pas la revoir... je l'ai promis... j'ai même donné ma parole et je ne dois pas y manquer; non, je ne la reverrai pas; mais vous, recevez-la, Mendoz; parlez-lui... avec douceur, avec bonté; elle mérite des égards... c'est une femme, Mendoz... et puis c'est la Périchole... vous entendez.

MENDOZ, *saluant.*

Oui, monseigneur.

LE VICE-ROI, *à part.*

Elle est venue!... elle est venue!... et mon oncle prétendait qu'elle ne m'avait jamais aimé! Ah! Léonora... Léonora! si j'osais...

(Il rentre dans son appartement.)

SCÈNE V.

MENDOZ, TELLEZ, *puis* LA PÉRICHOLE.

MENDOZ, *à Tellez.*

Allons, faites entrer... puisqu'il le faut.

TELLEZ, *au fond.*

Entrez, entrez, senora.

(Il sort.)

LA PÉRICHOLE.

Est-ce vous, seigneur Mendoz, qui vous donnez les airs
de me faire faire antichambre?

MENDOZ.

J'exécute les ordres que j'ai reçus.

LA PÉRICHOLE.

Vous mentez, vieux hibou... me faire attendre... moi, la
Périchole! ah! le peuple de Lima est plus galant que vous...
il n'y a qu'à voir quand je passe dans la ville comme je suis
accueillie...

AIR *de Pablo.* (Bruguières).

Voilà
Périchola!
C'est elle, c'est l'idole
Du peuple de Lima.
Fille joyeuse et folle
Qui charme tout Lima! } (*bis.*)
Oui, c'est la Périchole,
Honneur à la diva!

Il faut voir, dans les promenades,
Comme on s'empresse sur mes pas;
Ce sont bouquets et sérénades,
Feux croisés de vives œillades,
Et chacun répète tout bas: (*bis.*)
Voilà
Périchola, etc.

On rit de la foule hautaine
De vos duchesses du palais...
Du peuple la clameur soudaine
Me salue ainsi qu'une reine
Qui vient visiter ses sujets. (*bis.*)
Voilà
Périchola, etc.

MENDOZ.

Je conçois, senora, que vous soyez l'idole du peuple de
Lima... mais un vice-roi...

LA PÉRICHOLE.

Dites-lui que je veux le voir.

MENDOZ.

Son altesse ne reçoit personne.

LA PÉRICHOLE.

Personne, c'est possible... mais moi...

MENDOZ.

C'est vous précisément, senora, que ses ordres regardent.

LA PÉRICHOLE.

Vous mentez, vous dis-je..... annoncez-moi, ou j'entre sans être annoncée.

MENDOZ, *à part.*

Comment faire ?

LA PÉRICHOLE.

Vous hésitez... je vais me plaindre au vice-roi lui-même.

MENDOZ

Arrêtez, senora, arrêtez!... ma consigne est positive, et j'ai ordre de vous déclarer que, d'après les conseils de monseigneur l'évêque de Lima...

LA PÉRICHOLE.

Et de quoi se mêle-t-il l'évêque de Lima ? son neveu n'est-il pas le maître ici? ne sait-il pas que si je voulais m'en donner la peine, je lui tournerais la tête à lui-même!...

MENDOZ.

Oh! quelle horreur! parler ainsi d'un saint prélat qui a quitté une position superbe en Espagne pour venir achever de convertir le Nouveau-Monde... un homme qui fait des prodiges!

LA PÉRICHOLE.

Des prodiges!

MENDOZ.

Oui, senora, c'est connu... et ne fût-ce que celui d'avoir converti le vice-roi...

LA PÉRICHOLE.

Ah! il est converti... (*A part.*) Le pauvre homme!

MENDOZ.

Converti tout-à-fait.... nous sommes en train d'en faire un petit saint... c'est pourquoi. .

AIR :

Vous deviez trouver des obstacles,
Malgré vos talens, vos appas...
Notre évêque fait des miracles,
Et les actrices n'en font pas.

LA PÉRICHOLE.

Nous n'allons pas le dire à Rome !..
En l'enflammant d'un feu nouveau,
D'un demi-roi j'ai fait un homme,
Le miracle est bien assez beau !

MENDOZ , *à lui-même.*

Conçoit-on une pareille impudence !

LA PÉRICHOLE.

Mais je ne suis pas venue ici pour vous donner audience, seigneur Mendoz ; c'est au vice-roi que je veux parler... voilà trois jours que j'attends de ses nouvelles ! son pardon lui coûtera cher !

MENDOZ.

Je vous répète, senora, que vous ne pouvez pas être admise auprès de lui ; il l'a défendu expressément... D'ailleurs monseigneur l'évêque est en ce moment chez son altesse, et vous n'oseriez pas, je pense...

LA PÉRICHOLE.

Les évêques ne me font pas plus peur que les autres... et puis j'attendrai que le vice-roi soit seul.

MENDOZ.

En vérité, je m'étonne que vous insistiez... quand on sait que vous avez à Lima tant de sujets de consolation.

LA PÉRICHOLE.

Insolent ! (*A part.*) Il doit être sérieusement fâché, je le vois au ton de ses valets.

MENDOZ.

J'ai aussi reçu l'ordre de vous redemander la clef de cette porte secrète , et de vous prier de ne plus vous présenter à la principale entrée du palais ; elle vous serait refusée.

LA PÉRICHOLE , *à part.*

Allons , disgrâce complète... à ce qu'ils croyent.... mais nous verrons...

MENDOZ, *à part.*

Elle a pâli de colère.

LA PÉRICHOLE, *affectant une rage concentrée.*

Ainsi donc , il me faut renoncer à l'espoir...

MENDOZ , *ironiquement.*

De devenir vice-reine.....

LA PÉRICHOLE.

Pourquoi pas? il est plus facile d'être reine à la cour que reine au théâtre. A la cour on prend un nom tout fait ; au théâtre il faut le créer soi-même.

MENDOZ, *à part.*

Quel orgueil ! (*Haut.*) Si le nom vous échappe , la fortune vous reste, et celle que le vice-roi vous a faite...

LA PÉRICHOLE.

La fortune... la fortune... eh ! que me font toutes les mines du Pérou auprès de l'amour de Fernando !... L'ingrat ! je l'aimais plus que ma vie... et il me chasse! il me chasse sans pitié... sans daigner me voir... sans daigner m'entendre! ah! j'en mourrai de douleur!

(Elle tombe sur un fauteuil à gauche du spectateur, ayant l'air de s'évanouir.)

MENDOZ.

Senora!...

LA PÉRICHOLE.

Pauvre Léonora!

(Elle ferme les yeux.)

MENDOZ

Ah! mon Dieu! la voilà qui se trouve mal! Tonio! Pédrille! Maladroit! si j'appelle, monseigneur peut accourir, et la réconciliation est certaine. (Il lui frappe dans les mains.) Senora! enora! elle ne revient pas! heureusement j'ai là un flacon...

(Il soit en courant.)

LA PÉRICHOLE se lève vivement et va ôter le verrou de la petite porte secrète.

Ah! seigneur Mendoz, je sais aussi bien jouer la comédie que vous!

(Elle se replace sur le fauteuil.)

MENDOZ, rentrant avec un flacon.

Oh! oui, si monseigneur la voyait dans cet état, il n'y tiendrait pas... (Il lui fait respirer des sels.) Ah! la voilà qui revient à elle...

LA PÉRICHOLE, d'une voix languissante.

Merci, seigneur Mendoz, merci de vos soins touchans... bon et loyal serviteur, je me rends à vos conseils, et je m'en veux de ma faiblesse! votre vice-roi n'était pas digne de tant d'amour! Rendez-moi un dernier service : le voulez-vous, bon Mendoz?

MENDOZ.

Lequel, senora?

LA PÉRICHOLE.

Donnez-moi le bras jusqu'à ma chaise à porteurs, je me sens si faible... tous les objets tournent autour de moi... Tenez, vous, par exemple, vous me faites l'effet de ne pas rester en place.

MENDOZ.

Pauvre femme! venez, venez! (Il lui donne le bras, à part.) Et moi qui m'attendais à quelque scène violente! tout marche à ravir!

LA PÉRICHOLE.

Je vous charge de dire à l'ingrat... qu'il n'entendra plus parler de moi... Dès demain, je pars pour l'Espagne.

MENDOZ.

C'est ce que vous avez de mieux à faire. Il y a trop long-tems que la métropole est privée de votre beau talent. . vous allez faire fureur.

LA PÉRICHOLE.

Et pourtant, je lui fus toujours fidèle.

MENDOZ, *d'un ton hypocrite.*

C'est ce que je lui disais encore ce matin. « Monseigneur, elle vous fut toujours fidèle..... » Il n'a pas voulu me croire.

LA PÉRICHOLE, *à part.*

Vieux traître!... je te revaudrai ça!

MENDOZ, *lui donnant le bras.*

Appuyez-vous bien sur mon bras. (*A part.*) Si je lui faisais la cour... ça serait drôle... succéder à un vice-roi!... (*Haut.*) Marchez bien doucement.

LA PÉRICHOLE.

Que vous êtes bon!.. (*A part.*) L'hypocrite!

MENDOZ.

Doucement, bien doucement.

SCÈNE VI.

LES MÊMES, TELLEZ.

TELLEZ.

Seigneur Mendoz, son altesse vous fait appeler.

MENDOZ.

Je me rends auprès d'elle..... Venez, senora... venez.

(Il entraîne rapidement la Périchole.)

SCÈNE VII.

TELLEZ, *puis* LE VICE-ROI.

TELLEZ.

Qu'est-ce qu'il a donc à brusquer ainsi la senora Périchole? Il ne sait donc pas que d'un mot elle pourrait le faire jeter au fond d'une mine?

LE VICE-ROI.

Mendoz .. Mendoz... (*A part.*) Elle est partie... Je tremble qu'il lui ait parlé trop durement.

TELLEZ.

Monseigneur se sent peut-être maintenant la force d'aller à l'église?

LE VICE-ROI.

Non... mais je resterai dans ce salon. De cette croisée, je verrai la procession, et c'est ici que je recevrai les jeunes filles converties... Faites venir Mendoz sur-le-champ.

TELLEZ.

Oui, monseigneur.

(Il sort.)

SCÈNE VIII.

LE VICE-ROI, *seul.*

Elle est partie... et je ne l'ai pas vue!.. Comme elle doit être irritée contre moi!.. et j'ai pu souffrir qu'un valet la chassât pour ainsi dire de mon palais... elle que j'ai tant aimée!.... (*Plus bas.*) Elle que j'aime encore!... elle qui était venue!.. Oh! mon oncle grondera s'il le veut, je sens qu'il m'est impossible de vivre sans cette femme... elle est mon ame, ma raison, mon courage!... Par son esprit, par ses talens, par ses caprices même, elle m'anime de toutes les facultés qu'elle a reçues du ciel... Sans elle, je ne serais rien..... rien qu'un obscur vice-roi..... et depuis qu'elle manque à ma vie... Ce salon est encore plein de sa présence; c'est ici, dans l'intimité, et lorsque mes travaux m'empêchaient d'aller la voir au théâtre, qu'elle venait me charmer et me rendre toutes les illusions de la scène par son admirable talent...

AIR *de la Sylphide.* (Mme Duchambge.)

Pour moi quelle souffrance!
Quand j'ai dû la bannir,
Partout de sa présence,
Je trouve un souvenir.
Plus de bonheur sans elle...
Mais, regrets superflus,
En vain ma voix l'appelle,
Elle ne viendra plus!

(*Pendant la ritournelle de l'air.*) Mais s'il était vrai qu'elle m'eût trahi!... Ah! Léonora!... Léonora!...

(A peine a-t-il prononcé ce nom, que la Périchole paraît à la porte secrète, et s'avance doucement derrière le divan où le vice-roi est assis.)

La Périchole.

SCÈNE IX.

LE VICE-ROI, LA PÉRICHOLE.

LA PÉRICHOLE.

Vous m'appelez, monseigneur ?

LE VICE-ROI, *stupéfait.*

C'est elle !

LA PÉRICHOLE.

Même air.

Malgré l'ordre sévère
Qui, de votre palais,
Voulait encor naguère
M'interdire l'accès...
Cette injure cruelle
Que de vous je reçus,
Quand votre voix m'appelle,
Je ne m'en souviens plus.

LE VICE-ROI, *ému, mais avec ironie.*

Vous êtes généreuse... mais je voudrais bien savoir quel est l'infidèle serviteur qui n'a pas craint de vous ouvrir cette porte.. Serait-ce Mendoz?

LA PÉRICHOLE.

Oui, l'infidèle serviteur, c'est lui-même.

LE VICE-ROI.

Quel rôle joue-t-il donc auprès de moi? C'est lui seul...

SCÈNE X.

LES MÊMES, MENDOZ.

MENDOZ, *se frottant les mains.*

La voilà partie... pour ne plus revenir... et monseigneur.....
Que vois-je !

LA PÉRICHOLE, *au vice-roi.*

Hein !... comme il joue la surprise !

MENDOZ.

La Périchole ici !

LA PÉRICHOLE.

L'excellent comédien que votre théâtre royal aurait là , monseigneur. Vous devriez lui donner un ordre de début... Voyez
quel masque de Tartufe... démasqué.

MENDOZ, *balbutiant.*

Démasqué, moi!...

LA PÉRICHOLE.

Pas encore!... mais bientôt, peut-être.

MENDOZ.

Monseigneur, vous ne souffrirez pas...

LE VICE-ROI.

Pourquoi diable aussi vous avisez-vous d'ôter ce verrou que
j'avais mis moi-même ?...

LA PÉRICHOLE.

Ah ! c'est...

MENDOZ , *confus.*

Monseigneur...

LA PÉRICHOLE.

Laissez-nous.

MENDOZ.

J'attends les ordres de monseigneur.

LA PÉRICHOLE , *au vice-roi.*

Dites-lui de sortir.

LE VICE-ROI.

Mais ..

LA PÉRICHOLE.

Je le veux !

LE VICE-ROI.

Oh !...

LA PÉRICHOLE , *le contrefaisant.*

Oh!.. Il faut d'abord vous faire pardonner le verrou que
vous avez mis vous-même.

LE VICE-ROI, *à part.*

Elle a raison. (*Haut.*) Sortez, Mendoz.

MENDOZ , *tremblant, à part.*

Je suis perdu !... si monseigneur l'évêque ne vient pas à mon
secours...

(Il sort.)

SCÈNE XI.

LE VICE-ROI, LA PÉRICHOLE.

LE VICE-ROI.

Je n'ai pas voulu que la femme qui m'a été si chère fût humiliée devant mes gens..., mais puisque nous voilà seuls, Léonora...

LA PÉRICHOLE.

Ah! d'abord, pardon... comment va votre blessure?

LE VICE-ROI, *avec humeur.*

Je vous remercie... je suis guéri.

(Il va s'asseoir sur le divan.)

LA PÉRICHOLE.

Ah! tant mieux. (*Prenant un siége et s'asseyant à côté du vice-roi.*) Et maintenant, monseigneur, reprenez votre air superbe et majestueux, quoique cela ne vous aille pas du tout, je vous en avertis.

LE VICE-ROI.

Je vous avais fait dire que je ne voulais plus vous voir.

LA PÉRICHOLE.

C'est justement pour cela que je suis venue. Fernando, vous me prenez donc pour une de ces femmes vulgaires que l'on peut impunément combler de bienfaits, et répudier ensuite sans raison, sans motif... (*Avec dignité.*) Vous vous trompez, monseigneur !...

(Elle se lève.)

AIR :

A votre amour, à votre ivresse,
Ma fierté sans honte a cédé ;
Mais aux grandeurs, à la richesse,
Je n'ai jamais rien demandé.
Ce cœur loyal, moi je le donne,
A qui sut mieux le mériter.
Les trésors de votre couronne
N'auraient jamais pu l'acheter.

LE VICE-ROI, *cherchant à maîtriser son émotion. Il se lève.*

Oui, je connais toute la noblesse de votre caractère... mais commencez par vous justifier.

LA PÉRICHOLE.

Me justifier!... de vos torts envers moi ?

LE VICE-ROI.

Vous éludez la question... Ce capitaine Navarro qu'on a vu
sortir de votre hôtel... la nuit...

LA PÉRICHOLE.

Qui l'a vu ?

LE VICE-ROI.

Qui?... mais tout le monde.

LA PÉRICHOLE.

Tout le monde..... la nuit!... Monseigneur, je vois que
vous êtes encore malade... et ce n'est pas le moment de vous
demander des grâces... Je reviendrai demain, si toutefois
vous ne mettez pas encore vous-même le verrou de cette porte.

(Elle feint de vouloir sortir.)

LE VICE-ROI.

Quelle grâce avez-vous à me demander ?

LA PÉRICHOLE.

Non... vous me refuseriez peut-être... et je ne veux pas
avoir le droit de vous haïr.

LE VICE-ROI.

Me haïr!... vous, Léonora!... mais je ne m'en console-
rais jamais... Voyons... rapprochez-vous, et causons comme
de vrais amis qui se séparent... mais qui s'estiment.

(Il la reconduit à son fauteuil et se rassied sur le divan.)

LA PÉRICHOLE.

Vous m'estimez... c'est bien heureux... mais je ne m'en
aperçois guère.

LE VICE-ROI , *avec affection.*

Voyons... qu'avez-vous à me demander ?

LA PÉRICHOLE.

Monseigneur, vous avez de l'esprit, quand vous voulez... et
vous avez dû remarquer la lutte singulière qui s'est établie
entre votre digne oncle, l'évêque de Lima, et moi, modeste
comédienne du théâtre royal de cette ville. Cette lutte n'est
pas égale. Votre oncle est vieux et triste ; je suis jeune et
folle... tout l'avantage est de mon côté. J'ai pour moi toute la
jeunesse du Pérou ; votre oncle a pour lui toutes les dévotes,

qui n'ont plus d'autres plaisirs sur la terre que la médisance et la calomnie. Notre rupture a mis en joie toutes les bégueules titrées de la ville et des faubourgs. Chacune de ces dames parle de ma disgrâce en termes plus ou moins injurieux... ce sont ces propos que je viens vous prier de faire cesser aujourd'hui même.

LE VICE-ROI.

Comment puis-je, senora?...

LA PÉRICHOLE, *allant s'asseoir sur le divan, à côté du vice-roi.*

Oh! j'ai trouvé un moyen sublime, et qui fera mourir de dépit toutes ces dames... Au moment où je vous parle, la population de Lima est réunie pour la cérémonie de ce jour; les rues sont remplies de monde, et jonchées de fleurs comme pour un triomphe..... ce triomphe... ce sera le mien!... mais il doit être éclatant, magnifique, et digne d'une presque vice-reine.

LE VICE-ROI.

Expliquez-vous.

LA PÉRICHOLE.

Je n'ai mis de ma vie le pied dans une église... je ne sais pas ce que c'est... Eh bien! je veux paraître ce matin à la cathédrale.

LE VICE-ROI.

Je ne m'y oppose pas.

LA PÉRICHOLE.

Oui, mais il faut que votre voiture armoriée, ce beau carrosse neuf qui est dans la cour **du palais**, et qui fait l'admiration de tout le monde, me conduise et me descende aux portes du temple.

LE VICE-ROI.

Ah! c'est là ce que vous voulez?...

LA PÉRICHOLE.

Oh! mon Dieu! pas autre chose... et vous jugez de l'effet que doit produire, sur mes ennemis, cette marque de votre royale confiance... cette preuve de votre royal amour.

LE VICE-ROI, *se levant.*

Ah! c'est trop fort!... une comédienne!... dans le carrosse du roi!... avec mes gardes, ma livrée, mes pages, peut-être?..

LA PÉRICHOLE, *se levant.*

Avec votre livrée, vos pages et votre garde d'honneur... elle est en bas qui vous attend... le carrosse est attelé de vos plus belles bêtes , donnez des ordres pour que tout cela m'obéisse seulement pendant deux heures, et je vous pardonne... comme je sais pardonner... vous savez....

LE VICE-ROI, *marchant vivement.*

Mon carrosse... ma livrée... et pour une femme qui me trompe... avec un capitaine Navarro... et si je voulais le croire, avec un carabinier de la reine.

LA PÉRICHOLE, *avec fierté.*

Si j'aimais un capitaine ou même un carabinier, je ne serais pas chez le vice-roi du Pérou.

LE VICE-ROI.

Oh! l'on vous connaît, mesdames ; quand vous quittez un amant, c'est pour en prendre deux... Vous donnez un ducat, mais il vous en faut la monnaie.

LA PÉRICHOLE.

Si bien qu'à votre compte, un capitaine et un carabinier feraient la monnaie d'un vice-roi..... Vous comptez mal, Fernando ; il faudrait, selon moi, trois vice-rois pour faire la monnaie d'un capitaine, et six vice-rois et demie pour faire la monnaie d'un carabinier.

LE VICE-ROI.

Insolente !

LA PÉRICHOLE.

Je vous paie avec votre argent, monseigneur.

LE VICE-ROI.

Mais enfin, ce capitaine...

LA PÉRICHOLE.

Il est mon amant puisque vous le voulez.

LE VICE-ROI.

Et peut être aussi ce...

LA PÉRICHOLE.

Il ne faut dédaigner personne.

LE VICE-ROI.

Léonora , si je ne me respectais moi-même, je vous enverrais au couvent des filles converties.

LA PÉRICHOLE.

Je ne le suis pas encore, monseigneur ; cela viendra peut-être un jour ; car on dit que je ressemble un peu à la Madeléine..: mais je tâcherai que ce soit le plus tard possible ; le monde ; la gloire, les plaisirs, tout cela est si bon!... Mais quand vous ne craignez pas de me menacer d'un cloître, vous ne savez donc pas qu'il y aurait une révolte à Lima, si la Périchole allait en prison?

LE VICE-ROI.

Une révolte! voyez quel orgueil!

LA PÉRICHOLE.

Faites pendre vos nobles marquis, vos comtes, vos chevaliers, pas un bras ne se lèvera pour eux... Faites égorger douze mille Indiens, envoyez-en vingt mille dans vos mines, on vous applaudira, on vous donnera du Trajan par le nez... mais empêcher les habitans de Lima de voir leur comédienne chérie! ils vous lapideront quand vous sortirez.

LE VICE-ROI.

Et si je vous défendais de reparaître sur le théâtre royal?

LA PÉRICHOLE.

Alors je prendrais ma guitare, j'irais chanter dans les rues de Lima, sous vos fenêtres même, et je ferais rire le peuple aux dépens de votre cour prétentieuse et de votre demi-couronne.

LE VICE-ROI.

Fort bien!... oubliez-vous que je puis vous renvoyer en Espagne par le premier navire royal?

LA PÉRICHOLE.

Je ne demande pas mieux; en Espagne, j'y deviendrais la maîtresse du jeune roi, si tel était mon bon plaisir, et je vous ferais amener prisonnier à Madrid, les fers aux pieds comme Christophe Colomb, qui était encore un plus grand homme que vous.

LE VICE-ROI, *avec colère.*

Léonora! Léonora!

LA PÉRICHOLE.

Adieu, monseigneur... puisque vous me refusez...

LE VICE-ROI.

Oui, je vous refuse; votre demande est d'une extravagance...

LA PÉRICHOLE.

Adieu donc, ce triomphe éclatant m'eût consolée des affronts que m'a faits votre cour ; heureusement un triomphe plus éclatant encore et que personne ne peut m'enlever m'attend ce soir au théâtre dans la pièce nouvelle du poète Ménarès.

LE VICE-ROI.

Quoi! cet opéra dont on m'a déjà tant parlé... un nouveau chef-d'œuvre de notre poète favori,.. *la Vierge du Soleil?*

LA PÉRICHOLE.

C'est moi qui remplis le principal rôle. Sans doute vous n'y serez pas...¿ votre courroux contre moi... la défense de monseigneur l'évêque...

LE VICE-ROI.

Il est vrai ! j'ai fait serment à mon oncle de ne plus aller au théâtre... (*Avec hésitation.*) mais, si vous vouliez, Léonora, vous pourriez, ici même...¿ vous savez quel plaisir je trouve à vous entendre...

LA PÉRICHOLE, *à part.*

J'aurai le carrosse royal.

LE VICE-ROI.

Mon oncle est retenu à la cathédrale par une imposante cérémonie... je vais faire défendre l'entrée de mes appartemens...

LA PÉRICHOLE.

Oui, je vous comprends.

LE VICE-ROI.

Eh bien ! faut-il donner les ordres nécessaires ?

LA PÉRICHOLE.

Et si je vous refusais à mon tour ?

LE VICE-ROI.

Oh ! ce n'est pas la même chose... le carrosse royal, ma livrée, mes gardes...

LA PÉRICHOLE.

...Votre carrosse, vos gardes... mais je n'y pense plus ! J'avais un instant rêvé que j'étais vice-reine... mais par amour pour vous, je redeviens la comédienne de Lima, et je ne veux plus être ici que la Vierge du Soleil.

LE VICE-ROI.

Vous consentez... ah ! vous êtes un ange !

LA PÉRICHOLE.

Oui, un ange ! pour un instant, et puis, vous reprendrezvos

soupçons, votre jalousie... N'importe... je suis bonne et je veux
vous faire voir tout ce que vous perdez. Dans un instant je
suis à vous.

(Elle sort par la porte secrète.)

SCÈNE XII.

LE VICE-ROI, *ensuite* TELLEZ, *qui entre sur la fin de l'air,
avec deux domestiques qui placent de chaque côté du théâtre deux
riches jardinières, chargées de fleurs.*

LE VICE-ROI.

Mon oncle a beau dire.... un vice-roi doit encourager les
beaux-arts, il doit accueillir les artistes... et qui jamais
mérita mieux...

AIR *de* Farinelli (Tête espagnole).

> La Périchole,
> Censeurs jaloux,
> Est, dites-vous,
> Volage et folle;
> Mais cette idole
> Dont je raffole,
> La Périchole,
> Vous rendrait fous!
>
> Reine ou bergère,
> Noble et légère,
> Elle sait plaire
> Par ses talens;
> Et cette femme,
> Au cœur de flamme,
> Ravit notre ame (*bis*)
> Par ses accens.
> Parais, ma belle, je t'attends.

La Périchole, etc.

Tellez, je me fie à votre adresse, pour écarter les importuns;
que mes appartemens soient fermés pour tout le monde...
pour tout le monde, Tellez, vous comprenez?

TELLEZ.

Oui, monseigneur.

LE VICE-ROI.

Quant à l'escalier d'honneur, ordre aux pages de service
de ne laisser entrer qui que ce soit... je suis plus souffrant
que jamais...

TELLEZ.

Ah! mon Dieu ! mais cette nouvelle va faire accourir tous les médecins du palais.

LE VICE-ROI.

Alors vous leur direz que je repose ; enfin, je n'y suis pour personne, je compte sur votre zèle, sur votre intelligence.

TELLEZ.

Monseigneur peut être tranquille , je ne quitterai pas la porte du grand escalier , et le roi d'Espagne lui-même...

(Il va vers le fond.)

MENDOZ, *entrant par l'autre porte.*

Monseigneur l'évêque de Lima.

LE VICE-ROI.

Ciel! on dirait que le traître est allé le chercher.

(L'évêque entre, Tellez et Mendoz sortent, ce dernier a un air triomphant.)

SCÈNE XIII.

LE VICE-ROI, DON GARCIA.

DON GARCIA , *à part.*

Mendoz ne m'a pas trompé... elle est ici.

LE VICE-ROI, *embarrassé, à part.*

Pourvu qu'elle ait le bon esprit de s'en aller.

DON GARCIA.

Je viens vous rappeler , Fernando , les devoirs importans que vous avez à remplir en ce jour solennel : si votre blessure vous défend de m'accompagner à la cathédrale, vous permettrez sans doute que je conduise auprès de vous , après la cérémonie , le cortége des jeunes filles que le cloître enlève, en ce jour , aux erreurs de la terre, et qui doivent recevoir de vos mains la dot que notre pieuse reine accorde en pareille circonstance.

LE VICE-ROI.

Je suis à vos ordres, monseigneur.

DON GARCIA.

Vous me trompez , Fernando ; un instant je m'étais flatté

que mes conseils avaient triomphé de votre faiblesse, et que du moins par égard pour votre future épouse ! la duchesse de Leirias, qui doit arriver aujourd'hui même, vous aviez renoncé à recevoir cette comédienne , mais il paraît que cette femme frivole...

LE VICE-ROI.

Plus bas, mon oncle, plus bas !

DON GARCIA.

Non , non, je ne laisserai pas échapper cette occasion de faire entendre la voix de la raison et de la vérité : Fernando, lorsqu'à ma sollicitation , le roi , malgré votre jeunesse, vous accordait le gouvernement de cette belle province, je ne m'attendais pas à vous voir sitôt oublier tous vos devoirs...

LE VICE-ROI.

De grâce...

DON GARCIA.

AIR : *Aux braves hussards.*

Ne refusez pas de m'entendre,
Sur le cœur le plus endurci
Souvent le ciel a fait descendre
Un doux rayon de sa merci;
Et peut-être il m'amène ici !...
Sa bonté toujours infinie
Pour les erreurs garde un pardon...

LE VICE-ROI. (*Parlé.*)

Allons...

(*A part.*)

J'attendais une comédie ,
Il faut que j'entende un sermon !

Seulement , monseigneur , je me permettrai de vous faire observer que l'heure de la cérémonie...

DON GARCIA , *avec force.*

Vous m'entendrez , don Fernando !

SCÈNE XIV.

LES MÊMES, **LA PÉRICHOLE**, *en costume indien.*

LA PÉRICHOLE.

Pardon, monseigneur, mais je suis ici avant vous.

LE VICE-ROI.

L'imprudente!

DON GARCIA.

Oses-tu bien, Léonora!...

LA PÉRICHOLE, *avec malice et respect.*

Monseigneur, chacun sa mission sur cette terre... la vôtre est d'éclairer les hommes et les rendre meilleurs... la mienne, c'est de les distraire et de les charmer... Votre neveu ne pouvait aller au théâtre, le théâtre est venu chez lui... Vous avez été homme du monde, vous êtes homme d'esprit, vous ne pouvez me condamner, ou plutôt me damner, sans m'entendre..... Ecoutez donc, puisque vous avez quelques instans, une scène de notre pièce nouvelle... *la Vierge du Soleil*....

DON GARCIA.

Puisque je ne puis me faire entendre, je me retire... (*Il va à la porte de droite; on entend à l'extérieur le bruit d'un verrou que l'on ferme.*) Cette porte....

LA PÉRICHOLE.

Elle est fermée, monseigneur, et c'est moi qui en ai donné l'ordre.

LE VICE-ROI.

Léonora!...

DON GARCIA.

Laissez... je descendrai par l'escalier de vos appartemens.

(Il va vers l'autre porte, qui se ferme également.)

LA PÉRICHOLE.

Vous voyez, monseigneur, que tout m'obéit ici... Ces portes ne vous seront ouvertes que lorsque le son des cloches vous appellera pour la cérémonie.

DON GARCIA.

Léonora, ton audace est étrange...

LA PÉRICHOLE.

Monseigneur...

AIR: *Aux braves hussards*

On cite votre tolérance
Et votre douce austérité...
Montrez donc un peu d'indulgence...

LE VICE-ROI, *à don Garcia.*

Je blâme sa témérité,
Mais le moyen d'être écouté...
Cédons plutôt à sa folie...

DON GARCIA, *s'asseyant, avec dépit.*

C'est outrager mon caractère...

LE VICE-ROI, *à part.*

Bon !..
Mon oncle aura la comédie,
Et je n'aurai pas le sermon.

LA PÉRICHOLE.

Je commence, messeigneurs.

SCÈNE LYRIQUE.

(Musique composée et arrangée par M. PILATI.)

CORA.

Récitatif.

Lara ne revient pas !.. d'une si longue absence
Ignore-t-il combien je dois souffrir !..
O Lara !.. mon amour !.. mon unique espérance,
Loin de Cora qui peut te retenir?

(*Récit pendant lequel l'orchestre exécute* con sordini *le motif de la romance d'Obéron.*)

Au temple du Soleil mon héros m'a ravie,
C'est là que s'écoulait mon innocente vie,
Quand la guerre, sur nous exerçant ses fureurs,
Renversa nos autels et dispersa mes sœurs.
Et bientôt de Lara devenant la captive,
J'osai dire au Mexique un éternel adieu...
Enchaînée à ton sort, et sur une autre rive,
Près de toi j'oubliai mes sermens et mon Dieu !
O Lara ! si jamais tu deviens infidèle,
Si, portant tes amours aux pieds d'une autre belle,
Tu délaisses Cora, qui te donna sa foi,
Il me faudra mourir, car mon bonheur c'est toi...
Ma vie est toute en toi... ton aspect, à mon ame,
D'un sentiment nouveau fit connaître la flamme...
Désormais à ce cœur que possède un mortel,

Il faut un amour saint , puissant et solennel,
Il faut un aliment à ma vive tendresse ;
Pour toi, Lara, du dieu dont j'étais la prêtresse,
Du Soleil tout-puissant j'ai déserté l'autel ;
Si tu quittes Cora , Cora retourne au ciel.

ENSEMBLE. (*Chant.*)

DON GARCIA , *à part et cherchant à réprimer l'émotion qu'il eprouve.*

Sa voix est si tendre,
Plus d'un faible cœur
Doit se laisser prendre
Au charme vainqueur.
Mais, gloire éphémère ,
Tes plaisirs si doux,
La sagesse austère
Les méprise tous.

LA PÉRICHOLE, *regardant l'évêque avec malice.*

Il daigne m'entendre,
Et déjà son cœur
Ne peut se défendre
D'un charme vainqueur.
Oui, son œil sévère
Me paraît plus doux,
Et ce juge austère
N'a plus de courroux.

LE VICE-ROI.

Que sa voix est tendre,
Je sens que mon cœur
Ne peut se défendre
D'un charme vainqueur.
Quel juge sévère
Ne doit, entre nous,
A sa voix légère,
Calmer son courroux.

CORA, *qui a regardé au loin.*

(*Parlé.*)

Sous les terrasses du palais,
Pourquoi cette foule bruyante ?
Et ces regards tournés vers ces murs si discrets ?
C'est pour me voir...comme je suis contente !
Je suis donc belle?.. ô Lara , mes amours ;
Puisqu'on m'admire tant, tu m'aimeras toujour !
Mais sous ces murs encor quelles clameurs bizarres
Comme ces gens-là sont surpris !..
Il paraît que , dans ce pays,
Les vierges du Soleil sont rares !
Leurs cris vont redoublant, et leurs transports aussi..
Quel changement !.. Là bas... pauvre prêtresses ,
Au temple j'adorais sans cesse ,

Et c'est moi qu'on adore ici !
Plaire... charmer... je sens là, dans mon ame,
Que c'est le sort le plus doux d'une femme !
Eh bien ! Lara, quelquéfois en grondant,
Lorsque je veux quitter cette retraite,
Me dit : Cora, vous devenez coquette !
Oui, c'est bien ce mot-là... coquette !.. franchement...
Bien loin de m'affliger lorsqu'il me le répète,
    Ce mot-là me semble charmant.

(Elle va regarder.)

Ils sont encore là... des filles d'Ibérie
   Montrons-leur que j'ai les talens...
Puissent les souvenirs de ma belle patrie,
Lara, de ton absence abréger les instans...

(Elle forme quelques figures d'un pas péruvien. Sa danse est interrompue
par le son des cloches et le canon. L'évéque et le vice-roi se lèvent. Les
portes s'ouvrent. La Périchole s'avance vers don Garcia.)

Récitatif.

On attend monseigneur pour la cérémonie !..
   Et je fais ouvrir sa prison.

DON GARCIA, au vice-roi.

Votre oncle maintenant conçoit votre folie,
Mais vous n'oublirez pas l'honneur de votre nom.

ENSEMBLE. (Chant.)

Malgré la magie
De ses doux accens,
Mon cœur se confie
A vos sentimens.
Je vous parle en père
Et sans nul courroux.
Vous serez, j'espère,
Digne ici de vous.

LA PÉRICHOLE.

Heureuse magie
D'un art séduisant !
Leur ame est remplie
D'un charme puissant.
De ce juge austère
Les yeux sont plus doux,
Et j'ai su, j'espère,
Calmer son courroux.

LE VICE-ROI.

Heureuse magie
D'un si beau talent !
Mon ame est remplie
D'un charme puissant.

De ce sage austère
Les yeux sont plus doux,
Et son cœur sévère
N'a plus de courroux.

(*Don Garcia sort. Le vice-roi le reconduit jusqu'à la porte et revient vivement vers la Périchole.*)

LE VICE-ROI.

Mendoz, Tellez, exécutez tous les ordres que Léonora va
vous donner.

LA PÉRICHOLE.

A moi le carrosse royal! à moi les pages et la garde d'honneur!

LE VICE-ROI.

Léonora!... mon ame!... ma vie!

LA PÉRICHOLE.

Et, maintenant que tu es redevenu mon Fernando, voici
ma justification... voici les preuves de mon innocence... (*Elle
lui donne un paquet de lettres.*) Va, connais-moi toute entière;
si je te préférais quelque chose dans le monde, tu ne me
reverrais jamais!..... Adieu!... je cours au temple humilier
mes rivales et jouir de mon triomphe... car, en ce moment,
je suis vice-reine du Pérou!

(Elle sort.)

SCÈNE XV.

LE VICE-ROI, *seul.*

Ah! cette femme est ma gloire et mon bonheur!... et l'on
voudrait m'en séparer!... Je ne l'ai jamais soupçonnée... jamais!... Qu'avais-je besoin de ces preuves?... (*Il parcourt les
lettres qu'elle lui a remises.*) Des lettres du capitaine à la ca-
mériste!... Et quelle fierté dans cette ame brûlante!... avec
quelle noblesse elle a dédaigné de se justifier!...

SCÈNE XVI.

LE VICE-ROI, MENDOZ.

MENDOZ, *entrant, des papiers à la main. A part.*

La Périchole triomphe... Je serai bien adroit si je me tire de là... essayons toujours. (*Il s'approche timidement*) Monseigneur...

LE VICE-ROI, *avec colère.*

Je vous trouve bien hardi d'oser reparaître devant moi.

MENDOZ, *d'un air patelin.*

Monseigneur, le Grand-Justicier demande la signature de votre altesse.

LE VICE-ROI, *avec colère.*

Donnez!... (*Il lui arrache les papiers.*) Que vois-je!... trois mille Indiens condamnés aux mines!... Qu'ils soient rendus sur-le-champ à la liberté!... Pédro Lopez, condamné à mort pour avoir tué sa maîtresse dans un accès de jalousie... le malheureux!... qu'il vive pour pleurer celle qu'il aimait!

AIR : *Je n'ai pas vu ces moissons de lauriers.*

Non, non, je ne veux point punir,
Et, dans mon indulgence extrême,
Partout je veux faire bénir
Le nom de la femme que j'aime...
Oui, de souscrire à ces arrêts cruels
Mon cœur ne se sent point capable ;
Où puis-je voir des criminels ?..
Non, il n'est plus de criminels,
Léonora n'est pas coupable.

Dites au Grand-Justicier que je fais grâce à tout le monde... et ne reparaissez plus devant moi.

MENDOZ.

Eh quoi ! monseigneur, grâce pour tout le monde, excepté pour moi!... Je sais que je suis indigne de vos bontés... mais je venais demander à votre altesse une dernière faveur...

LE VICE-ROI.

Je vous la refuse.

MENDOZ.

C'est la faveur de retourner en Europe sur le royal *San-Carlo*, quand il remettra à la voile, après avoir amené ici la duchesse de Leirias.

LE VICE-ROI, *à part.*

La duchesse !... Ah ! mon Dieu !.... je l'avais oubliée..... (*Haut.*) Eh bien ! soit, j'y consens... partez, et que je n'entende plus parler de vous.

MENDOZ.

Oui, monseigneur, je partirai... Mais avant, dût le courroux de votre oncle me poursuivre au-delà des mers, je rendrai justice à la vertu... La Périchole est innocente.

LE VICE-ROI.

Belle nouvelle !

MENDOZ.

Je l'ai calomniée, monseigneur, je l'ai outragée... Oh ! je suis un misérable !... Je mérite d'avoir trois cents pieds de mines sur la tête et de ne plus revoir la clarté du jour, puisque j'ai pu trahir votre confiance en entrant dans les vues de monseigneur l'évêque..... Mais moi, voyez-vous..... je croyais que c'était pour votre bonheur... car, au fond, j'admire, je respecte et j'estime la Périchole... c'est un ange de vertu, de bonté, de fidélité...

LE VICE-ROI.

J'en ai les preuves.

MENDOZ.

Et comme je le disais à votre oncle, quand il me confiait qu'il voulait vous marier à une duchesse du sang royal : « Monseigneur, la Périchole est digne d'une couronne !... »

LE VICE-ROI.

Vous disiez cela, Mendoz ?

MENDOZ.

Oui, monseigneur... Et alors je lui citais les comédiennes qui, dans toutes les parties du monde, sont devenues des princesses, des comtesses, des ambassadrices... que sais-je ?... j'en ai cité plus de trente exemples.

LE VICE-ROI.

Et que répondait mon oncle à cela?

MENDOZ.

Que sa parole était engagée... qu'il ne voulait que votre bonheur.... et qu'il m'offrait cinq mille piastres si je parvenais à perdre la Périchole dans votre esprit... Je suis bien coupable, monseigneur, et la sainte inquisition a fait brûler des gens qui valaient cent fois mieux que moi...

(Il se met à genoux.)

LE VICE-ROI.

Relevez-vous..... ce n'est pas à moi qu'il faut demander pardon, c'est à cet ange que vous avez calomnié... Ah! vous avez voulu l'humilier..... vous avez voulu l'abaisser jusqu'à vous, marquises et comtesses de Lima... Eh bien! je l'élèverai jusqu'à moi... et mon amour l'entourera de tant de splendeur que le sort d'aucune reine n'aura jamais été comparable au sien.

MENDOZ.

Oui, monseigneur... et je vous servirai d'auxiliaire contre votre oncle lui-même!

LE VICE-ROI.

Il vous a promis cinq mille piastres, je vous en donnerai dix mille .. si vous pouvez lui faire partager votre conviction.

MENDOZ, *à part.*

Ceci sera plus difficile...

(On entend les cloches et du bruit en dehors.)

SCÈNE XVII.

Les Mêmes, TELLEZ.

LE VICE-ROI.

Qu'est-ce donc? la cérémonie serait-elle terminée?

TELLEZ.

Monseigneur, une foule immense se précipite vers la place du palais, l'air retentit du nom de la Périchole, on crie au miracle, et votre carrosse entre dans la cour du palais aux acclamations de la multitude.

LE VICE-ROI.

C'est Léonora... c'est la vice-reine du Pérou... ah !, jamais je n'éprouvai tant de plaisir à la revoir ! (*Il court vers la porte.*) Ciel ! mon oncle !

SCÈNE XVIII.

Les Mêmes, DON GARCIA.

DON GARCIA.

Vous ne m'attendiez pas, Fernando, et je conçois votre surprise... une vierge du soleil était partie dans votre voiture et c'est un vieillard austère qu'elle vous ramène ; mais rassurez-vous ; je ne viens point vous faire entendre le reproche ou la menace., je viens vous faire partager la joie dont je me sens rempli :

LE VICE-ROI.

Qu'avez-vous fait de Léonora ?

DON GARCIA.

Vous n'aviez pas craint, Fernando, de consentir à ce que la Périchole vînt mêler le scandale de son triomphe aux solennités de ce jour... mais je veillais aux portes du temple, et par un prodige dont je suis loin de m'attribuer toute la gloire...

LE VICE-ROI.

Expliquez-vous...

DON GARCIA.

Lisez, Fernando...

(*Il lui donne un écrit.*)

LE VICE-ROI.

C'est de Léonora. (*Lisant.*) « Au vice-roi du Pérou : Monsei-
» gneur, la Périchole ne peut désormais être dans ce monde
» qu'un obstacle à votre bonheur ; ne cherchez pas à me re-
» voir, je viens de mettre entre nous une barrière insurmon-
» table. » (*S'interrompant.*) Est-il possible ?...

DON GARCIA.

Continuez...

LE VICE-ROI, *lisant.*

« Vous m'aviez parlé ce matin du cloître des filles converties,
» et cette menace m'a porté bonheur, un jour de vérité
» m'éclaire, je vous rends à votre famille, à ses nobles projets,
» à la duchesse de Leirias, et les dons que j'ai reçus de votre
» main, je vous demande la liberté d'en faire deux parts ; la
» première sera pour les pauvres de Lima, auxquels je l'avais
» dérobée, et la seconde je la donne au théâtre royal, qui (Dieu
» puisse me pardonner ce dernier mouvement d'orgueil) va
» bien souffrir de ma retraite imprévue... »

MENDOZ, *à part.*

La comédienne est encore là.

LE VICE-ROI, *lisant.*

« C'est vous, monseigneur, que je charge de faire exécuter
» mes dernières volontés, et maintenant, oubliez la Périchole,
» mais gardez un souvenir pour la sœur Léonora ! » Non !
cette séparation est au-dessus de mes forces ! Qui me prouve
d'ailleurs que la violence et les menaces n'ont pas forcé
Léonora ?

(Une musique religieuse se fait entendre et continue jusqu'à ce que les jeunes
filles converties soient entrées en scène.)

DON GARCIA.

L'usage amène devant vous toutes les jeunes filles pour
lesquelles le cloître va s'ouvrir aujourd'hui ; la Périchole est
parmi elles...

LE VICE-ROI, *avec force.*

Ce sacrifice ne peut s'accomplir sans mon consentement, et
je vous déclare, monseigneur, qu'à la moindre plainte, je re-
fuserai ma signature. Léonora ! la Périchole dans un cloître !..
oh ! non, non ! c'est impossible !

DON GARCIA.

Les voici ! vous allez vous convaincre par vous-même...

SCÈNE XIX.

LES MÊMES, JEUNES FILLES CONVERTIES ; *elles sont voilées et toutes vêtues du même costume. Elles s'avancent lentement sur deux files par chacune des portes du fond. La musique cesse.*

LE VICE-ROI, *au milieu du théâtre.*

Jeunes filles, en vous amenant dans ce palais, en présence du vice-roi, l'usage a voulu vous offrir l'occasion de protester contre la violence ; parlez donc sans crainte ; cet acte qui va vous arracher au monde, je puis le sanctionner ou l'anéantir... en est-il parmi vous que la contrainte ou la menace?...

(Silence.)

DON GARCIA.

Vous le voyez, Fernando, pas une plainte ne se fait entendre ; venez, venez sanctionner ce dévouement sublime ; voudriez-vous faire dire à l'Espagne qu'une faible femme eut plus de courage qu'un descendant de Fernand Cortez !

LE VICE-ROI.

Laissez-moi, je veux encore... Léonora, répondez... rien... ah ! cette indifférence...

(Coup de canon.)

MENDOZ , *entrant.*

Le royal *San-Carlo* entre dans le port.

DON GARCIA.

La duchesse de Leirias vous attend ; signez cet acte solennel et courons au-devant de son altesse.

(Il lui présente un parchemin.)

LE VICE-ROI.

Pas un mot! pas un geste ! Allons! elle ne m'a jamais aimé !

(Il prend l'acte des mains de l'évêque et va le signer au fond ; puis il se place sur le trône, entouré de tous ses officiers qui sont entrés lorsqu'on a tiré le canon. La musique reprend ; les jeunes filles se mettent en marche, et se rejoignant au milieu du théâtre, vont s'agenouiller deux à deux devant le vice-roi, qui remet à chacune d'elles la bourse contenant sa dot. Une seule en défilant sort des rangs, vient se placer devant le public, et entr'ouvre son voile : c'est la Périchole. Son mouvement est censé n'être pas vu des autres personnages.)

LA PÉRICHOLE, *au public.*

'AIR *de l'Angelus.*

En pénitente, devant vous,
Ici, messieurs, je me présente ;
Ne montrez pas trop de courroux
De me voir ainsi repentante. (*bis.*)
Malgré les habits que voilà
Et la ferveur qui me dévore...
Pour vous plaire, je le sens là,
Je suis prête à pécher encore,
Je pourrais bien pécher encore.

(Après ce couplet, elle baisse son voile, rentre dans les rangs des jeunes filles, et au moment où elle s'agenouille à son tour devant le vice-roi, le rideau tombe.)

FIN.

CPSIA information can be obtained
at www.ICGtesting.com
Printed in the USA
BVHW050057061118
532207BV00023B/2979/P

9 780332 533889